ÉTUDE DE DOCTRINE ET DE JURISPRUDENCE

LA COUR SUPRÊME

ET

LES ARRÊTS DE SES CHAMBRES RÉUNIES

I

PROMULGATION ET PUBLICATION

DES LOIS

PAR

MARTIN LE NEUF DE NEUF-VILLE

VICE-PRÉSIDENT DU TRIBUNAL DE PREMIÈRE INSTANCE D'ALENÇON
MEMBRE DE L'ACADÉMIE DE LÉGISLATION
OFFICIER DE L'INSTRUCTION PUBLIQUE, ETC., ETC.

(ARTICLE EXTRAIT DE *LA FRANCE JUDICIAIRE*)

PARIS

A. DURAND et PEDONE-LAURIEL, Éditeurs,
LIBRAIRES DE LA COUR D'APPEL ET DE L'ORDRE DES AVOCATS
G. PEDONE-LAURIEL, SUCCESSEUR
13, rue Soufflot, 13.

1879

LA COUR SUPRÊME

ET

LES ARRÊTS DE SES CHAMBRES RÉUNIES

DU MÊME AUTEUR :

LA COUR SUPRÊME

ET

LES ARRÊTS DE SES CHAMBRES RÉUNIES

I

PROMULGATION ET PUBLICATION DES LOIS

PAR

MARTIN LE NEUF DE NEUF-VILLE

VICE-PRÉSIDENT DU TRIBUNAL DE PREMIÈRE INSTANCE D'ALENÇON
MEMBRE DE L'ACADÉMIE DE LÉGISLATION
OFFICIER DE L'INSTRUCTION PUBLIQUE, ETC., ETC.

(ARTICLE EXTRAIT DE *LA FRANCE JUDICIAIRE*)

PARIS

A. DURAND et PEDONE-LAURIEL, Éditeurs,

LIBRAIRES DE LA COUR D'APPEL ET DE L'ORDRE DES AVOCATS

G. PEDONE-LAURIEL, SUCCESSEUR

13, rue Soufflot, 13.

1879

LA COUR SUPRÊME

ET

LES ARRÊTS DE SES CHAMBRES RÉUNIES

Les arrêts des chambres réunies de la cour de cassation imposent à l'interprétation de nos codes leur autorité exceptionnelle et puissante. Ces décisions constituent de véritables lois, elles en ont la valeur et l'influence. Combien d'esprits savants et profonds, d'avocats laborieux, de juges expérimentés donnent leur examen à la question soulevée : un tribunal civil, deux cours d'appels, la chambre des requêtes, toutes ces juridictions tour à tour compulsent la doctrine, pèsent la jurisprudence, discutent les principes, examinent les textes, recherchent les moyens, décident les points de droit. La plus haute expression de la justice est enfin appelée à résumer tous ces débats, et ses magistrats les plus illustres répandent sur le sujet de nouvelles lumières et formulent une décision, définitive sur le litige, précise dans ses termes, et presque toujours infaillible dans son esprit juridique. Étudier ces arrêts, les appliquer aux textes de nos lois civiles, rechercher les questions générales tranchées par les principes exposés, tel est l'objet de cette revue judiciaire et doctrinale. Nous bornerons notre travail à l'examen des arrêts solennels rendus depuis trente ans ; au delà de cette période, le législateur s'est chargé de transformer en loi les principes les plus importants décrétés par la cour suprême ; l'intérêt perdrait en conséquence son attrait, et la science son côté pratique[1].

I. — PROMULGATION ET PUBLICATION DES LOIS.

(Décret du 5 novembre 1870.)

1. — Un arrêt de la cour de cassation en date du 22 juin 1874 étudie la promulgation et la publication des lois ; notre programme nous impose d'abord

---

1. Nous inaugurons dans le cadre qui vient d'être ainsi tracé et sous le titre de ce premier article, une série d'études de doctrine et de jurisprudence qui nous paraissen devoir appeler l'attention de nos collaborateurs et de nos lecteurs. Le meilleur accueil sera fait aux études de ce genre qu'on voudra bien nous adresser.   (*La Rédaction.*)

l'examen de cette décision. Sur la question en litige, les chambres réunies cassent un arrêt de la cour de Montpellier en date du 27 mars 1874, elles confirment la jurisprudence de la chambre criminelle, jurisprudence qui réformait à la date du 6 février une décision de la cour d'Aix du 24 novembre 1873.

La difficulté unique portait sur la définition du mot *promulgation*.

Ne semble-t-il pas étrange en 1874, soixante et onze ans après la publication des titres préliminaires du code civil (14 ventôse an XI) de voir surgir une question pareille; comment a pu s'élever une sorte de confusion dans les termes, comment la discussion a-t-elle pris de larges proportions, comment les dissentiments ont-ils amené l'intervention d'un arrêt solennel; quels faits ont soulevé le litige?

En 1870, le 9 août, un décret du gouvernement déclarait en état de siège le département des Bouches-du-Rhône; cet acte n'a jamais été inséré au *Bulletin des lois*, le préfet l'a reçu, l'a inscrit au *Recueil des actes administratifs* de sa préfecture, et l'a fait connaître par voie d'affiches, seulement nul ne peut justifier d'un arrêté préfectoral, pris en conformité de l'ordonnance de 1817, en vue de porter le décret à la connaissance du public.

Cet acte est-il nul?

Les cours d'Aix et de Montpellier repoussent sa validité d'une manière absolue; quels sont les arguments, base de cette opinion?

Toute loi pour être obligatoire est promulguée et publiée; ces deux opérations sont distinctes; la promulgation est un des éléments essentiels de la loi, la publication manifeste son existence et la rend obligatoire; cette distinction est commune aux lois et aux décrets. Que dit l'ordonnance du 27 novembre 1816? que la promulgation résulte de l'inscription des lois et décrets sur un bulletin public et spécial, et la publication consiste dans la divulgation de la loi promulguée; les articles 2, 3 et 4 de l'ordonnance fixent le point départ et le délai de l'exécution. L'article 4 prescrit en cas d'urgence l'exécution de la loi aussitôt que le préfet l'a reçue et qu'il a pris, en vertu de l'ordonnance de 1817, un arrêté ordonnant l'impression et l'affichage de cette loi. Ainsi l'ordonnance de 1816 admet divers moyens de publication, mais consacre un seul mode de promulgation *dérivant de l'insertion de la loi au bulletin spécial*.

Le décret du 9 août a-t-il jamais été reproduit au *Bulletin officiel*; le préfet a-t-il jamais rendu un arrêté préalable à l'affichage? Ces mesures n'ont pas été prises; la promulgation n'a pas eu lieu, et le décret n'a pu recevoir d'exécution; l'arrêté préfectoral ne peut être suppléé par l'insertion dans le recueil limité et sans importance des actes administratifs du département. Quelle valeur du reste pourrait avoir une publication officielle faite sans l'ordre formel du chef du pouvoir exécutif; quel danger si l'initiative d'un préfet se substituait au droit exclusif du souverain.

Telle est la théorie que renversent les deux arrêts de la cour suprême.

Le décret du 9 août 1870 existe, répond la cour de cassation; sans doute il n'a pas paru au *Bulletin officiel*, mais il a été envoyé directement au préfet ; celui-ci l'a transcrit au *Bulletin des actes administratifs* de son département, par l'affichage il en a informé le public. Ces mesures ne sont-elles pas légales, ne sont-elles pas valables? la promulgation n'est-elle pas régulière? Qu'est-ce donc que la promulgation? C'est l'acte par lequel *le chef de l'État donne l'ordre d'exécuter une loi, une ordonnance, un décret;* du moment qu'un décret contient la formule de la promulgation (Notre garde des sceaux, etc.), il est complet au point de vue de cette formalité.

Mais la promulgation, cet acte de la volonté souveraine, se distingue essentiellement de la publication ; celle-ci constitue le mode employé pour porter la loi à la connaissance des citoyens et la rendre exécutoire. Aussi sous l'ordonnance de 1816 l'insertion au *Bulletin officiel* n'était pas un élément constitutif de la promulgation, elle ne présentait *qu'un moyen d'en constater l'existence*, d'en fixer la date et de faire courir les délais à l'expiration desquels la loi était réputée connue et devenait obligatoire sur tous les points du territoire français ; cette transcription ne présentait aussi qu'un simple mode de publication pouvant dans certains cas être valablement remplacé par un autre ; et dans les cas d'urgence, les ordonnances de 1816 et 1817, permettaient au chef de l'État d'écarter la formalité préalable de l'insertion au *Bulletin des lois*, autorisaient l'envoi direct des lois et décrets au préfet d'un département, et substituaient à la connaissance basée sur une présomption légale, la connaissance réelle et plus rapide prouvée par l'impression et l'affichage des lois et décrets.

Mais, objectent les cours d'appel, aucune pièce n'établit l'ordre spécial de procéder suivant le mode exceptionnel de la publication prescrite par l'ordonnance du 18 janvier 1817.

Les cours oublient que le décret a été transcrit au *Recueil des actes administratifs* de la préfecture; qu'il a reçu la publicité de l'affichage immédiat; que ces actes du préfet n'ont jamais été désavoués du gouvernement, et qu'ils attestent virtuellement les ordres supérieurs sans lesquels ils n'auraient pu avoir lieu.

Le défaut d'arrêté préfectoral, tel est l'argument que l'on oppose.

Quels actes rendent obligatoires les lois et décrets, n'est-ce pas leur publication? Or cette mesure existe; les citoyens ont connu en même temps l'existence du décret et sa promulgation; comment pourrait-on se prévaloir du défaut d'un simple arrêté qui ne constitue qu'une formalité préparatoire et non substantielle?

Tel est le résumé de cette lutte judiciaire à l'assaut d'une définition : la promulgation, soutiennent les cours, *c'est l'insertion des lois au Bulletin officiel;* la promulgation, oppose la juridiction suprême, *c'est l'acte par lequel le chef du pouvoir exécutif donne l'ordre d'exécuter la loi.* Le bon droit, de quel côté apparaît-il? La querelle surgit de la confusion dans les termes; les cours confondent la promulgation et la publication. Qui donne à la loi sa force exécutoire, c'est la promulgation; quel est le mode employé pour la répandre et la faire connaître, c'est la publication : *publicatio est divulgatio legis et promulgationis.*

Depuis longtemps la doctrine unanime avait défini les mots en discussion. C'est M. Demolombe qui, après d'autres, déclare, en 1852, que la promulgation, ou bien si l'on veut, l'ordre de promulgation, est l'acte par lequel le chef du pouvoir exécutif, imprime à la loi sa force et intime aux autorités administratives et judiciaires l'ordre de la maintenir, de la faire garder, observer, etc.

C'est M. Marcadé qui, en 1855, affirme que la promulgation rend la loi exécutoire, mais ne la rend pas encore obligatoire; c'est-à-dire que, par l'effet de la promulgation, la loi se trouve avoir en elle-même la puissance d'être excutée et réunit les conditions exigées d'elle pour cet effet, mais il lui reste encore une condition intrinsèque, la publication.

Et la publication est le moyen par lequel la loi et sa promulgation sont portées, ou réputées portées, à la connaissance des citoyens; de sorte que la loi déjà exécutoire peut être effectivement exécutée.

Sans doute, sous ce rapport l'ordonnance de 1816 renferme une confusion dans ses termes; mais en droit, la distinction est simple, facile; la promulgation n'a jamais varié, seule la publication des lois a invoqué des moyens différents; elle a emprunté des modes inspirés par le progrès, la science, les découvertes, et de nos jours l'ordonnance de 1816 est elle-même abrogée en partie et n'a plus qu'une influence secondaire.

2. — L'examen historique et rapide des différents moyens de publication qui tour à tour ont porté nos lois à la connaissance des citoyens complètera cette étude; il établira la différence absolue, importante, claire qui existe entre la promulgation et la publication.

En 1789, la publication des lois emprunte l'inscription sur les registres des autorités administratives et judiciaires; elle consiste aussi en proclamations, lectures publiques, affiches.

La Convention conserva ce mode de publication, elle créa en outre le *Bulletin officiel*, et en ordonna l'envoi journalier à toutes les autorités et à tous les fonctionnaires chargés de surveiller l'exécution et de faire l'application des lois.

Sous le Directoire disparaissent les proclamations et les affiches; le décret du 12 vendémiaire an IV déclare que les lois deviennent obligatoires dans chaque département du jour où le bulletin qui les contient est distribué au chef-lieu.

La loi du 14 ventôse an XI (code civil) ne subordonne pas la publication à l'envoi du bulletin, elle établit une présomption, et dispose que la loi est réputée connue et devient obligatoire à l'expiration de certains délais proportionnés aux distances à parcourir depuis le lieu de la promulgation.

L'ordonnance du 27 novembre 1816 assimile les ordonnances aux lois, et dit que la promulgation résulte de l'insertion au *Bulletin officiel*.

Dès lors l'ordonnance établit que la loi est réputée connue un jour après que le *Bulletin des lois* aura été reçu de l'imprimerie royale par le ministre de la justice, lequel constatera sur un registre l'époque de la réception.

Elle ajoute qu'en dehors des délais fixés, c'est-à-dire un jour par dix myriamètres, entre la ville de la promulgation et le chef-lieu de chaque département; et dans les cas et les lieux où il est convenable de hâter l'exécution, les lois et ordonnances seront sensées publiées et seront exécutoires du jour qu'elles seront parvenues au préfet qui constatera la réception sur un registre.

Puis, d'après l'ordonnance du 18 janvier 1817, le préfet rend de suite un arrêté, par lequel il ordonne que la loi ou l'ordonnance sera imprimée et affichée partout où besoin sera.

Et lesdites lois sont exécutées du jour de la publication faite dans la forme prescrite.

Ces lois et ordonnances formaient le dernier état de la législation à la date du 5 novembre 1870.

Sous ce rapport la loi était-elle parfaite?

La critique doit envisager la forme et le fond.

La rédaction de l'ordonnance de 1816 est obscure, confuse; elle confond la promulgation et l'exécution, elle est cause du litige tranché par la cour suprême.

D'un autre côté, les délais d'exécution basés sur les distances offraient de sérieux inconvénients; les voies rapides permettaient de précéder la loi dans le chef-lieu de département, de l'éluder et de faire à Tulle un acte défendu à Paris.

L'avantage tiré de notre législation unique et uniforme disparaissait ainsi momentanément.

Aussi la doctrine réclamait-elle une modification, appelait-elle le progrès.

Les vrais principes, sur cette matière, exigent : la célérité, l'uniformité dans l'exécution des lois.

La célérité : la loi nouvelle est réputée meilleure que l'ancienne; elle établit un état de chose désirable, elle n'est jamais trop tôt appliquée.

L'uniformité : la loi en effet devient-elle exécutoire en tous lieux dans le même temps? elle ne peut être transgressée.

Il est facile pour un petit État de fixer une date uniforme pour l'exécution des lois, les délais sont courts, la loi peut parvenir avec facilité aux confins et arriver ainsi à la connaissance du public.

Il en est autrement dans une grande nation, les délais seraient trop étendus, et la date de l'exécution serait trop reculée; le public deviendrait impatient ou indifférent, et la loi manquerait son effet légitime.

Aussi l'on comprend que la Belgique ait adopté par la loi du 28 février 1847 un autre mode que celui qui nous régissait; et que cet État ait déclaré que la loi serait exécutée dans tout le royaume dans un délai de huit jours après sa promulgation.

En France, une loi semblable aurait dû accorder un mois comme délais d'exécution et la législation de l'ordonnance de 1816 était en réalité préférable.

Sur la réclamation unanime des jurisconsultes, la législation fut changée par le décret-loi du 5 novembre 1870.

3. — Quelle innovation renferment les dispositions nouvelles?

a. — Que dit l'article 1er?

Dorénavant, la promulgation des lois et des décrets résultera de leur insertion au *Journal officiel* de la République française, lequel à cet égard remplace le *Bulletin des lois.*

La rédaction de ce décret est copiée sur la formule de l'ordonnance de 1816; elle confond également la promulgation avec la publication; il est regrettable qu'un décret aussi pratique ne présente pas un sens correct et clair. Les arrêts des 6 février et 22 juin de la cour suprême sont encore appelés à faciliter l'explication de ce texte : l'insertion au *Journal officiel* ne produit pas la promulgation, n'en constitue pas l'élément indispensable; nous avons défini plus haut la promulgation; l'insertion à l'*Officiel* est un moyen de constater l'existence de la loi et des décrets, d'en fixer la date, et de faire courir les délais à l'expiration desquels l'acte législatif est réputé connu et devient obligatoire sur tous les points du territoire.

La disposition nouvelle s'applique aux lois et aux décrets; les lois antérieures n'étaient pas aussi précises, et il avait fallu pour en expliquer l'étendue, un arrêt de cassation du 21 juin 1843; — cet arrêt était conforme à un avis du conseil d'État en date du 12 prairial an XIII.

Ainsi, le chef de l'État a-t-il signé la loi, l'a-t-il revêtue de la formule ordinaire, cette loi existe; elle est insérée au *Journal officiel*, et la date de cet organe constitue le point de départ des délais d'exécution.

b. — L'article 2 du décret-loi ajoute :

Les lois et décrets sont obligatoires à Paris un jour franc après la promulgation, et partout ailleurs dans l'étendue de chaque arrondissement, un jour franc après que le *Journal officiel* qui les contient sera parvenu au chef-lieu de cet arrondissement.

Cette disposition renferme deux innovations : sous l'ordonnance de 1816 la loi devenait obligatoire un jour après la réception du *Bulletin officiel* qui la contenait, par le ministre de la justice; les citoyens n'étaient pas avertis de l'accomplissement de cette mesure; sans doute chaque bulletin portait une date placée après la signature du ministre et plus bas il était indiqué que cette date était celle de la réception du bulletin au ministère de la justice, mais ce bulletin avait une publicité tardive et limitée.

Dorénavant, la publication est connue de tous, elle est répandue par l'*Officiel* et tous les journaux reproduisent ces lois; le point de départ du délai est connu, est publié, et pour l'exécuter il suffit de savoir la date de son apparition dans l'organe du gouvernement.

Un jour franc doit exister entre la date de la publication et la date de l'exécution.

La seconde innovation réside dans la substitution de Paris au département de la résidence du gouvernement.

L'*Officiel*, en effet, s'imprime à Paris, c'est dans cette ville qu'il fait sa première apparition, c'est dans cet endroit que l'exécution devait commencer. Cette disposition est conforme à l'esprit du décret-loi : le but recherché a été de rendre la loi exécutoire partout en France dans chaque arrondissement un jour franc après celui de l'arrivée du *Journal officiel*; or, le *Journal officiel* paraît d'abord à Paris, la loi doit donc y être obligatoire un jour après son apparution.

Le principe qui domine l'exécution prompte des lois constitue un progrès important; il se base sur la connaissance réelle de la loi; sous l'ordonnance de 1816, le principe reposait sur une simple présomption de cette connaissance; la loi paraît maintenant à l'*Officiel*, elle est publique pour tous et elle n'est exécutoire qu'après la réception de ce journal; il est facile de comprendre combien ce mode est avantageux, combien il empêche la fraude : il réalise dans une certaine mesure la perfection dont nous avons exposé les axiomes; en effet, dans un rayon de 24 myriamètres (60 lieues) ou moins de Paris, et dans cette ville la loi est exécutoire le même jour; l'*Officiel* paraît à Paris le 1er janvier, il arrive à Caen à cinq heures du soir, le 2 janvier se trouve le jour franc, et le 3 janvier la loi doit être exécutée à Caen comme à Paris. Ce système en réalité doit être préféré au principe belge; l'*Officiel* ne met pas plus de deux jours à parvenir aux confins les plus reculés du territoire, et tandis que l'exécution de la loi se fait attendre huit jours chez nos voisins, tandis que chaque citoyen peut prendre ses précautions en prévision de la réforme qui lèse ses droits, empêche ses abus, en France le législateur impose soudain sa volonté et ne laisse pas aux nationaux le temps de l'éluder.

Le décret-loi s'appuie sur la connaissance réelle de la loi et pour en faciliter l'exécution, il a diminué l'étendue de la division territoriale qu'elle doit embrasser et a substitué le chef-lieu d'arrondissement au chef-lieu de département.

La loi est exécutoire dans l'arrondissement lorsque l'*Officiel* est parvenu au chef-lieu; mais par quelle autorité, dans quel local le journal doit-il être reçu ? Est-ce à la sous-préfecture, est-ce au tribunal, est-ce partout ailleurs ? Sur ce point, le décret garde le silence; le sous-préfet est le représentant du pouvoir qui promulgue et publie la loi; ce fonctionnaire reçoit officiellement l'organe du gouvernement, il habite toujours au chef-lieu de l'arrondissement, il conserve cette feuille dans ses archives, — le témoignage du sous-préfet sera souvent invoqué sur ce point. Mais qui établira la réception de l'*Officiel* soit à la sous-préfecture soit à tout autre domicile du chef-lieu d'arrondissement ? Le contrevenant peut soutenir que la loi n'était pas obligatoire, l'*Officiel* peut avoir été égaré par la poste, n'être jamais parvenu au chef-lieu. Sans doute, le *Bulletin des lois* continue à publier toutes les lois, il mentionne en tête le jour de leur publication à l'*Officiel*, et l'on pourra toujours soutenir que la loi est parvenue au chef-lieu d'arrondissement au moyen du *Bulletin des lois*, mais ce bulletin n'est plus destiné à rendre obligatoires les lois qui paraissent à l'*Officiel*, — et il ne pourra jamais prouver l'arrivée de ce journal au chef-lieu. D'un autre côté, la poste n'inscrit pas l'arrivée des publications dans son bureau; le seul moyen actuel de preuve serait la présentation de la bande portant le cachet de la poste et la date du jour; il est présumable que l'administration sous-préfectorale ne fait pas cette collection; il serait donc à souhaiter qu'un registre spécial constatât chaque jour l'arrivée de l'*Officiel* à la sous-préfecture.

Le décret déclare bien *in fine* que le contrevenant peut invoquer l'exception d'ignorance pendant trois jours à partir de la promulgation; mais cet article ne peut faire repousser cette autre exception d'ignorance basée sur le défaut d'arrivée du *Journal officiel;* elle fortifie au contraire le principe, et démontre que celui qui invoque la loi doit prouver qu'elle a été connue ou qu'elle a pu être portée à la connaissance du contrevenant.

Le chef de l'État peut encore hâter l'application de certaines dispositions urgentes. Le gouvernement, dit l'article 2, par une disposition spéciale, pourra ordonner l'exécution immédiate des décrets.

Le pouvoir exécutif est parfois contraint d'agir avec vigueur, avec célérité, son devoir est de décréter l'exécution prompte de ses ordres. Il est à remarquer que l'exécution immédiate s'applique aux seuls décrets, c'est-à-dire à des mesures limitées ou d'intérêts restreints, et qu'elle ne concerne pas les lois.

Cette disposition abroge l'article 4 de l'ordonnance de 1816 et de l'ordonnance de 1817. Le chef du pouvoir exécutif n'a plus le droit d'adresser de décret directement au préfet sans insertion à l'*Officiel;* ce journal doit contenir le décret avec l'ordre spécial d'exécution immédiate.

Ce nouveau mode de publicité ne pourra désormais soulever la question qui a forcé à se réunir les chambres de la cour de cassation.

L'article 3 du décret-loi ordonne aux préfets de prendre les mesures nécessaires pour que les actes législatifs soient imprimés et affichés partout où besoin sera.

Nous avons fait remarquer que l'esprit qui domine le décret-loi est la certitude que la loi sera réellement connue des citoyens, — ce principe devait amener la plus grande publicité des actes législatifs. — Doit-on également appliquer cette mesure aux décrets? Il n'en est pas question; néanmoins, les décrets comme les lois doivent être affichés partout où besoin sera. Ainsi, désormais, les lois et décrets sont connus et par la publicité de de l'*Officiel* et par la publicité des affiches.

c. — Malgré les efforts du chef du pouvoir exécutif, des citoyens peuvent se trouver dans l'impossibilité absolue de connaître la loi : ils peuvent être cernés par l'ennemi, par les neiges, par l'inondation.

Si le chef-lieu d'arrondissement est ainsi isolé, il n'y a pas de difficultés;

l'*Officiel* ne pourra y parvenir, et la loi n'y sera pas exécutoire. Mais un canton, une commune, un village, un hameau même peuvent se trouver sans communication avec le chef-lieu; un individu peut avoir été dans l'impossibilité de connaître la loi. Or, le décret-loi base l'exécution des lois sur la certitude de leur connaissance; les citoyens qui établiront la preuve qu'ils n'ont pas connu la loi, pourront-ils échapper à ses prescriptions?

L'article 4, conséquent avec le principe du décret-loi, admet l'exception d'ignorance. Les tribunaux et autorités administratives pourront, selon les circonstances, accueillir l'exception d'ignorance alléguée par le contrevenant, si la contravention a eu lieu dans le délai de trois jours à partir de la promulgation. Cette disposition est sage, la loi ne pouvait pas être discutée d'une manière continuelle dans sa connaissance et son application, il en serait résulté un désordre général permanent, anarchiste. Aussi, lorsqu'il s'agit des cas ordinaires, cette mesure est salutaire.

Mais nous avons rappelé le cas où une partie de l'arrondissement serait bloquée par les neiges, cernée par les inondations, sans communication avec le chef-lieu. Aux termes du décret, la loi doit être exécutoire dans cette partie comme dans le reste de l'arrondissement, — et l'exception d'ignorance n'est invoquée que pendant trois jours à partir de la promulgation de la loi.

Sous l'empire du code, la difficulté avait été tranchée, le législateur disait que la loi serait exécutée dans chaque partie du royaume du moment où la promulgation en pourra être connue; or, disait-on, les éléments ont empêché la loi d'être connue dans le pays, la loi n'est donc pas obligatoire.

De nos jours, les textes et les principes sont changés, sont abrogés; le décret-loi décrète l'exécution des lois dans chaque arrondissement un jour après l'arrivée de l'*Officiel* au chef-lieu; nulle exception ne vient modifier cette mesure; les contrevenants ne pourraient-ils pas invoquer les textes du code civil? Cette situation a échappé aux prévisions du législateur.

Le décret-loi appelle une autre critique : sans doute l'exception doit être limitée, mais n'est-elle pas trop restreinte, et ne s'applique-t-elle pas d'une manière trop inégale? Le contrevenant peut invoquer cette exception s'il se trouve dans le délai de trois jours à partir de la promulgation de la loi, — le mot *promulgation* est synonyme de *publication;* — à Paris, la loi est exécutoire un jour après la publication, le décret n'accorde donc en définitive au contrevenant qu'une faveur de deux jours. Mais cette disposition est conforme jusqu'ici au principe de connaissance réelle de la loi.

Mais l'*Officiel* peut mettre deux jours pour parvenir au chef-lieu d'un arrondissement éloigné, et la faveur accordée à une zone sera refusée d'une manière absolue à la zone la plus éloignée; et précisément cette contrée aura une connaissance moins immédiate, moins facile, moins complète de la loi. Sans doute le législateur s'est dit qu'il y a présomption que l'immense publicité donnée de nos jours à tous les actes législatifs, a fait déjà connaître la loi avant qu'elle soit exécutoire et que dans ce chef-lieu, bien qu'éloigné, l'ignorance n'est pas possible et l'exception inutile.

Ce raisonnement est contraire aux principes qui dominent la matière ; si la loi n'est exécutoire dans tel chef-lieu qu'après trois jours, c'est que l'*Officiel* y est parvenu tardivement, c'est que la loi était ignorée des citoyens ; pourquoi dans ce cas refuser à ceux-ci l'avantage accordé aux habitants de Paris ; l'éloignement du centre du gouvernement, le défaut plus grand d'instruction des citoyens rendent plus difficile la connaissance des mesures générales. Le décret-loi n'a pas été conséquent avec son principe, il a négligé les enseignements de l'expérience, de la situation et de l'équité.

d. — L'*Officiel* a-t-il remplacé le *Bulletin des lois* d'une manière absolue ?

Le décret de 1870 répond que le *Bulletin des lois* continue à être publié, et que l'insertion qui y est faite des actes non insérés au *Journal officiel* en opère promulgation.

Le *Bulletin des lois* existe donc comme par le passé ; il continue à enregistrer toutes les lois et tous les décrets, il sert de recueil, d'archives. Le journal peut s'égarer, le bulletin se relie et se conserve plus facilement dans la bibliothèque. Seulement les lois publiées par l'*Officiel* sont conservées par le *Bulletin* à titre de dépôt ; elles sont précédées de la date de la publication à l'*Officiel*, seul organe du gouvernement en vue de leur effet obligatoire.

En outre, le *Bulletin des lois* conserve, d'une manière restreinte, son caractère officiel pour certains actes.

Quels sont-ils ? Ceux non insérés à l'*Officiel*, dit l'article 2 du décret. Le *Bulletin* conserve-t-il donc le droit de publier les lois, les décrets ? Mais alors il ferait double emploi avec l'*Officiel*, et cette innovation romprait l'uniformité de la publication, et pourrait jeter une certaine perturbation dans la connaissance des lois.

Aussi la cour de cassation a-t-elle été appelée le 23 janvier 1872 à interpréter cette disposition obscure, et la chambre des requêtes déclare que l'*Officiel* est devenu pour les *lois et décrets l'instrument unique de promulgation ;* le *Bulletin des lois* ne s'applique dans aucun cas à des actes d'intérêt public *ayant le caractère de loi ;* si une loi d'intérêt public était insérée seulement au *Bulletin des lois*, il n'y aurait pas promulgation et l'insertion serait insuffisante. — Cette application est conforme au texte et à l'histoire du décret-loi ; le décret du 5 novembre ne s'occupa d'abord que de l'*Officiel ;* ce fut par une disposition additionnelle insérée à l'*Officiel* le surlendemain que l'on conserva le *Bulletin des lois* (Cass., 8 avril 1874). — Si d'un autre côté on examine les deux paragraphes de l'article 1er du décret-loi, le premier parle de l'*Officiel* et des lois et décrets, le second renvoie au *Bulletin des lois* les *simples actes.*

Ainsi, tout acte d'intérêt public, revêtu du caractère de loi, doit être publié par l'*Officiel ;* tout décret d'intérêt local ou particulier, tout acte d'administration publique telle que l'autorisation d'un établissement de bienfaisance (Cass., ch. des req., 1874) doit être promulgué par le *Bulletin des lois*.

Les anciens principes continuent à régir la publication établie par le *Bulletin des lois*.

Le système de la présomption de la connaissance de l'acte domine cette matière. Tout décret promulgué par le *Bulletin* est réputé connu un jour après que cet organe a été reçu de l'imprimerie de l'État par le ministre de la justice, lequel constate sur son registre la date de la réception, et chaque *Bulletin* continue à mentionner après la signature du garde des sceaux, la date de la réception du *Bulletin* au ministère de la justice.

Ainsi, le décret est obligatoire, dans le lieu où siège le gouvernement, un jour franc après la réception ci-dessus indiquée, et dans chaque département après l'expiration du même délai augmenté d'autant de jours qu'il y a de fois dix myriamètres entre la ville où la promulgation a été faite et le chef-lieu de département.

Il est d'usage de faire abstraction des unités pour ne compter que les dizaines.

En résumé, il existe désormais deux modes de publication pour les actes en général :

L'*Officiel* est l'organe de la promulgation des lois et des décrets importants ;

Le *Bulletin des lois* promulgue seulement les décrets d'intérêt secondaire.

Les délais imposés pour l'exécution des lois sont différents selon les modes de promulgation et peuvent offrir trois systèmes différents.

Un décret est-il urgent, il paraît à l'*Officiel*, avec une disposition spéciale, et partout il devient exécutoire sans aucun délai.

Une loi, un décret est-il promulgué par l'*Officiel*, il devient obligatoire dans chaque arrondissement un jour après l'arrivée de ce journal au chef-lieu.

Un décret secondaire est-il promulgué par le *Bulletin des lois*, son exécution est soumise au délai basé sur les distances entre le chef-lieu de la promulgation et le chef-lieu de département.

Sans doute, ces moyens différents de publication inspirent la critique ; pourquoi priver les intérêts particuliers du bienfait de la célérité ? Chaque citoyen attend avec impatience le décret qui lui donne un avantage ; il n'est pas pour l'intéressé de droit secondaire. Néanmoins, l'exécution du décret-loi contient des mesures nouvelles, précieuses, équitables ; le principe qui le domine n'est plus basé sur une simple présomption. Il réside dans la certitude de la connaissance des lois ; il justifie désormais le vieil adage : *Nemo sensetur ignorare legem.*

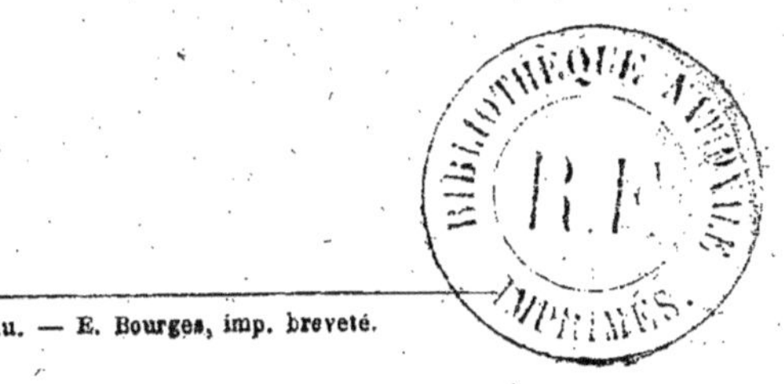

Fontainebleau. — E. Bourges, imp. breveté.

LA FRANCE JUDICIAIRE

REVUE BI-MENSUELLE

DE LÉGISLATION, DE JURISPRUDENCE ET D'ÉLOQUENCE JUDICIAIRE

plus spécialement consacrée à recueillir

LES TRAVAUX JURIDIQUES, HISTORIQUES ET LITTÉRAIRES

DE LA MAGISTRATURE ET DU BARREAU

PUBLIÉE SOUS LE PATRONAGE DE

MM. **G. Bédarrides** (O. ✳), président à la cour de cassation; — **A. Pouyer** (✳), président du tribunal de Rouen; — **E. Rousse** (✳), ancien bâtonnier de l'Ordre des avocats de Paris.

PAR

CHARLES CONSTANT

Avocat à la Cour d'appel de Paris,
Officier d'Académie.

AVEC LA COLLABORATION DE

MM. **Bauny de Récy**, sous-chef à la direction générale des Domaines; — **Belot**, professeur à la faculté des lettres de Lyon; — **Bertin** (✳), avocat à la cour de Paris, ancien rédacteur en chef du *Droit*; — **Chaix d'Est-Ange** (✳), avocat à la cour de Paris; — **Coulon** (Henri), avocat à la cour de Paris; — **Coulon** (✳), conseiller honoraire à la cour d'Angers; — **Desjardins** (✳), avocat général à la cour de cassation; — **Desmaze** (O. ✳), conseiller à la cour de Paris; — **Flourens** (✳), maître des requêtes, commissaire du gouvernement près le conseil d'État; — **Garraud**, professeur de droit criminel à la faculté de droit de Lyon; — **Glasson**, professeur de droit civil à la faculté de droit de Paris; — **F. Herbet**, avocat à la cour de Paris; — **Huart**, avocat à la cour de Paris; — **Le Courtois**, professeur à la faculté de droit de Poitiers; — **Martin le Neuf de Neuf-Ville** (O. ✪), vice-président du tribunal d'Alençon; — **Morillot**, substitut du procureur général près la cour de Douai; — **Vente** (✳), conseiller à la cour de cassation; — **Villey**, professeur agrégé près la faculté de droit de Caen; — **Viollaud**, conseiller à la cour d'Orléans.

PRIX DE L'ABONNEMENT

18 francs par an

PARIS

A. DURAND ET PÉDONE-LAURIEL, ÉDITEURS

LIBRAIRES DE LA COUR D'APPEL ET DE L'ORDRE DES AVOCATS

G. PÉDONE-LAURIEL, SUCCESSEUR

13, rue Soufflot, 13.

Fontainebleau. — E. Bourges, imp. breveté.